SUPPEN UND EINTÖPFE

Gehaltvoll und pikant

MOEWIG

Fotos im Innenteil:

neuform-Kochstudio (S. 7, 21); Canderel (S. 9);
Informationsbüro Sherry (S. 11, 53); Osborne (S. 13);
Carmel (S. 15, 87); Irish Whiskey (S. 17); Sojaöl (S. 19);
CMA (S. 23, 27, 33, 85, 121);
Food Redaktion, Verlagsgruppe Heinrich Bauer (S. 25, 45, 49, 71, 105, 111, 113, 117):
Union Deutsche Lebensmittelwerke (S. 29, 31, 79);
Reis-Fit (S. 35, 55, 73);
C.B.T.-Hollandgemüse (S. 37, 57, 89, 91, 123);
Müller, Aretsried (S. 39, 77);
Frau Antjes Feinschmecker-Studio (41, 51, 81, 107);
Studio Teubner (S. 43, 119); Rice Council (S. 47, 103);
Supress (S. 59); Fima (S. 61, 63, 65, 67);
Birkel (S. 69); Aupi (S. 75);
Leistungsgemeinschaft Deutscher Hähnchenerzeuger (S. 83);
Milkana (S. 93); Alpensahne (S. 95); USA-Erdnüsse (S. 97);
Wusata (S. 99); California Raisins (S. 101);
Monimpex (S. 109); Knorr/Maizena (S. 115, 125)

Genehmigte Sonderausgabe der
Verlagsunion Erich Pabel-Arthur Moewig KG, Rastatt
Redaktion: Susanne Schubert
Umschlagfoto: Christian Teubner
Printed in Germany 1994
Druck und Bindung: Graphische Großbetriebe Pößneck
ISBN 3-8118-8984-2

* Falls nicht anders vermerkt, sind alle Rezeptangaben für vier Personen berechnet.

Kalte Gerstensuppe mit Himbeeren

Zutaten:
80 g mittelfeine Gerstengrütze
abgeriebene Schale von 1 unbehandelten Zitrone
300 g Himbeeren
1/8 l Himbeersaft
1 Päckchen Vanillezucker
2-3 EL Honig
100 ml Sahne

Die Gerstengrütze in einer trockenen Pfanne kurz anrösten. Zitronenschale zugeben und 3/4 l Wasser angießen. Einmal aufkochen lassen und zugedeckt bei schwacher Hitze 15-20 Minuten quellen lassen. Inzwischen die Himbeeren waschen und einige für die Garnitur beiseite stellen. Himbeersaft, Vanillezucker und Honig unter die Suppe rühren. Die Himbeeren vorsichtig unterziehen und die Gerstensuppe kalt stellen.

Mit den restlichen Himbeeren garniert servieren. Dazu flüssige oder ungesüßte geschlagene Sahne servieren.

UNSER TIP

Achten Sie beim Kauf von Vanillezucker auf den feinen Unterschied: Während Vanillezucker aus edler Vanille hergestellt wird, wird Vanillinzucker nur der Aromastoff Vanillin zugesetzt.

ZUBEREITUNGSZEIT

ca. 30 Minuten (ohne Kühlzeit)

Orangensuppe mit Schneeklößchen

Zutaten:
1 unbehandelte Orange
1/2 l trockener Weißwein
400 ml Orangensaft
25 g Speisestärke
1 Eigelb
5 EL Streusüße
1 Prise Salz
2 EL Orangenlikör
1 Grapefruit

Für die Schneeklößchen:
1 Eiweiß
1/2 EL Streusüße

Orange heiß waschen und abtrocknen.
Orangenschale abreiben und mit 1/4 l Wasser zum Kochen bringen.
5 Minuten bei schwacher Hitze ziehen lassen.
Abseihen. Weißwein, Orangensaft und Orangenwasser einmal aufkochen. Speisestärke mit etwas Wasser anrühren und die Suppe damit binden. Eigelb mit etwas heißer Suppe verrühren und die Orangensuppe damit legieren. Mit Streusüße, Salz und Orangenlikör fein abschmecken. Für die Schneeklößchen Eiweiß und Streusüße steifschlagen. Mit zwei Teelöffeln kleine Klößchen abstechen und in wenig heißem Wasser garziehen lassen. Abgeriebene Orange und Grapefruit dick schälen und das Fruchtfleisch zwischen den Trennhäutchen herausschneiden.
Die Suppe – gut gekühlt – mit Fruchtfilets und Schneeklößchen servieren.

ZUBEREITUNGSZEIT
ca. 30 Minuten

Weißer Gazpacho mit Trauben und Feigen

Zutaten:
400 g frisches Kastenweißbrot
2 Knoblauchzehen
2 EL geschälte Mandeln
5 EL Olivenöl
4 EL Sherry Fino
2 EL Sherry-Essig
2 Eier
Salz
150 g helle Weintrauben
2 reife Feigen

Kastenweißbrot in Scheiben schneiden, entrinden und in Wasser einweichen. Knoblauch, Mandeln, Olivenöl, Sherry, Essig und die Eier in einen Mixer geben. Das Weißbrot etwas ausdrücken und mit den anderen Zutaten im Mixer pürieren. Nach und nach etwa 1,5 l kaltes Wasser zugeben, bis die Suppe die gewünschte sämige Konsistenz hat. Mit Salz abschmecken. Die Weintrauben nach Belieben häuten, und die Feigen in dünne Scheiben schneiden. Die Früchte in die Suppe geben. Den weißen Gazpacho wenigstens 3 bis 4 Stunden kalt stellen.

UNSER TIP

Ein Gazpacho läßt sich prima vorbereiten. Im Kühlschrank ist er abgedeckt 2-3 Tage haltbar.

ZUBEREITUNGSZEIT

ca. 35 Minuten (ohne Wartezeit)

Gazpacho Andaluz

Zutaten:
250 g Salatgurke
200 g rote und grüne Paprikaschoten
250 g Tomaten
100 g Zwiebeln
50 g altbackenes Toastbrot ohne Rinde
1 Knoblauchzehe
4 EL Olivenöl
1 EL Zitronensaft
2 TL Salz
1 TL Edelsüß-Paprika
1/4 TL weißer Pfeffer aus der Mühle

Zum Bestreuen:
2 EL Olivenöl
1 Scheibe altbackenes Toastbrot ohne Rinde
je 50 g rote und grüne Paprikaschoten
1 hartgekochtes Ei
1 Stange Staudensellerie

UNSER TIP

Der idealer Begleiter eines Gazpacho Andaluz ist ein Gläschen Sherry.

Salatgurke schälen, der Länge nach halbieren und die Kerne mit einem Löffel herauskratzen. Paprika entkernen. Gurke, Paprika, Tomaten, Zwiebeln und Toastbrot grob zerkleinern. Portionsweise in den Mixer geben und pürieren. Knoblauchzehe durchpressen und zugeben. Püree mit 3/4 l kaltem Wasser verrühren. Gazpacho mit Olivenöl, Zitronensaft, Salz, Paprika und frisch gemahlenem Pfeffer abschmecken. Gut durchkühlen lassen. Olivenöl erhitzen. Das Weißbrot würfeln, in dem Öl goldgelb rösten und abkühlen lassen. Paprika, Salatgurke und das hartgekochte Ei in kleine Würfel, den Staudensellerie in feine Scheibchen schneiden. Den Gazpacho in Suppenteller füllen und mit den vorbereiteten Zutaten bestreuen.

ZUBEREITUNGSZEIT

ca. 30 Minuten (ohne Wartezeit)

OSBORNE

Geeiste Melonensuppe mit Garnelen

Zutaten:
1 Galia-Melone (800 g)
Saft einer Zitrone
2-3 EL trockener Wermut
1/2 Becher (75 g) Crème fraîche
Salz
weißer Pfeffer aus der Mühle
1 Prise Cayennepfeffer
200 g ausgelöste gekochte Riesengarnelen

Die Galia-Melone vierteln, schälen und die Kerne herausschaben. Danach das Fruchtfleisch in große Würfel schneiden. Das Melonenfleisch mit Zitronensaft, Wermut und Crème fraîche im Mixer fein pürieren.
Mit Salz, Pfeffer und Cayennepfeffer kräftig abschmecken.
Gut durchkühlen lassen (wenigstens 3 bis 4 Stunden). Garnelen kurz abspülen, trockentupfen und halbieren. In der Suppe anrichten.

UNSER TIP

Die Heimat der Galia-Melone ist Israel. Ihre gelbe Schale ist wie mit einem feinen weißen Netz überzogen. Ihr saftiges Fruchtfleisch erinnert an aromatische Nektarinen. Die Galia-Melone ist die ideale Grundlage für diese Suppe.

ZUBEREITUNGSZEIT

ca. 20 Minuten (ohne Wartezeit)

Kalte Gurkensuppe

Zutaten:
2 Salatgurken
200 ml Sahne
150 g Vollmilch-Joghurt
2 EL Essig
2 EL Irish Whiskey
1 Knoblauchzehe
1/2 Bund Pfefferminze
1 Bund Petersilie
Salz
Pfeffer aus der Mühle

1 kleines Stück ungeschälte Gurke für die Garnitur beiseite legen. Restliche Gurken schälen, kleinschneiden und im Mixer pürieren. Sahne, Joghurt, Essig und Whiskey unterrühren. Knoblauch durch die Presse drücken oder sehr fein hacken und zugeben. Einige Pfefferminzblättchen beiseite legen. Den Rest mit der Petersilie hacken und unter die Suppe ziehen. Mit Salz und frisch gemahlenem Pfeffer abschmecken. Die Gurkensuppe gut durchkühlen lassen.

Mit hauchdünnen Gurkenscheiben und einigen Pfefferminzblättchen garniert servieren.

UNSER TIP

Whisky oder Whiskey? Schottisch, kanadisch und deutsch heißt es Whisky, irisch und amerikanisch heißt es Whiskey – also kein Schreibfehler auf dem Etikett.

ZUBEREITUNGSZEIT

ca. 15 Minuten (ohne Wartezeit)

Kalte Kartoffelsuppe

Zutaten:
500 g Kartoffeln
3 EL Sojaöl
1 l klare Brühe (Instant)
200 ml Sahne
Salz
weißer Pfeffer aus der Mühle
geriebene Muskatnuß
4 Tomaten
einige Kerbelblättchen zur Garnitur

Die Kartoffeln schälen und grob in Würfel schneiden. Das Sojaöl in einem Topf erhitzen. Die Kartoffelwürfel darin andünsten. Mit der Brühe ablöschen und zugedeckt ca. 15 Minuten garen. Kartoffeln in der Brühe pürieren und die Sahne unterrühren. Kartoffelsuppe mit Salz, frisch gemahlenem Pfeffer und Muskat abschmecken. Suppe gut durchkühlen lassen. Tomaten vierteln, entkernen und in kleine Würfel schneiden. Die Kartoffelsuppe mit den Tomatenwürfeln und den abgezupften Kerbelblättchen anrichten.

UNSER TIP

Für pürierte Suppen mehlig-kochende Kartoffelsorten wie Irmgard, Datura, Aula oder Bintje verwenden.

ZUBEREITUNGSZEIT

ca. 40 Minuten (ohne Wartezeit)

Sojaöl

Kalte Tomatensuppe

Zutaten:
2 Zwiebeln
3 Knoblauchzehen
8 Tomaten
2 Zucchini
4 Scheiben Vollkorntoast
2 EL Rotweinessig
3 EL kaltgepreßtes Öl (z.B. Olivenöl)
4 EL Tomatenmark
Salz
Pfeffer aus der Mühle

Zwiebeln und Knoblauch schälen. Zwiebeln fein würfeln. Knoblauchzehen durch die Knoblauchpresse drücken oder fein hacken.
Tomaten oben kreuzweise einritzen und kurz in kochendes Wasser tauchen. In eiskaltem Wasser abschrecken und die Haut abziehen. Tomaten vierteln, entkernen und fein würfeln. Zucchini putzen, waschen und in Würfel schneiden.
Toastbrot würfeln.
Jeweils die Hälfte der Zwiebeln, Tomaten und Zucchini in eine Schüssel geben. Mit Knoblauch, Toastbrot, Essig und 3/8 l Wasser portionsweise im Mixer oder mit dem Schneidestab des Handrührgeräts pürieren. Öl und Tomatenmark unterrühren. Tomatensuppe mit Salz und frisch gemahlenem Pfeffer würzen. Mindestens 2 Stunden kalt stellen.
Tomatensuppe nochmals abschmecken. Vor dem Servieren die restlichen Zwiebel-, Tomaten- und Zucchiniwürfel darüberstreuen. Dazu paßt getoastetes Vollkornbrot mit Knoblauchbutter.

ZUBEREITUNGSZEIT
ca. 30 Minuten (ohne Wartezeit)

Grüne Bohnensuppe mit Butternockerln

Zutaten:
Für die Nockerln:
50 g weiche Butter
1 Ei
5 EL Mehl
1 TL gehackte Petersilie
Salz

Für die Suppe:
5 Petersilienwurzeln
3 EL Butterschmalz
600 g Brechbohnen
300 g Karotten
1 TL Edelsüß-Paprika
1 l Fleischbrühe
Salz
Pfeffer aus der Mühle
1 Bund Schnittlauch

Für die Nockerln Butter, Ei, Mehl, Petersilie und Salz zu einem geschmeidigen Teig verrühren. Petersilienwurzeln in Stücke schneiden. Butterschmalz in einem Suppentopf zerlassen und Petersilienwurzeln, grüne Bohnen und die gewürfelten Karotten darin andünsten. Paprika überstäuben und alles mit der Fleischbrühe auffüllen. Bei mittlerer Hitze im geschlossenen Topf wenigstens 5 Minuten garen. Mit einem Teelöffel kleine Nockerln abstechen und in der heißen Suppe ca. 5 Minuten ziehen lassen.

Grüne Bohnensuppe mit Salz und frisch gemahlenem Pfeffer abschmecken. Schnittlauch in Röllchen schneiden und über die Suppe streuen.

UNSER TIP

Das Abstechen der Nockerln gelingt am besten, wenn Sie den Teelöffel zwischendurch immer wieder in heißes Wasser tauchen.

ZUBEREITUNGSZEIT

ca. 35 Minuten

Frühlingssuppe mit Fleischbällchen

Zutaten:
500 g Kartoffeln (festkochend)
2 Kohlrabi- Knollen
400 g Möhren
250 g Spinat
1 1/2 l klare Fleischbrühe
1 Zwiebel
400 g Schweinemett
1 Eigelb
Salz
weißer Pfeffer
30 g Butter oder Margarine
1-2 EL Sojasoße
1 Prise geriebene Muskatnuß

Kartoffeln schälen, waschen und würfeln.
Kohlrabi und Möhren schälen und waschen. Kohlrabi in kleine Stücke, Möhren in Scheiben schneiden. Den Spinat putzen, waschen und grob hacken.
Die Brühe aufkochen. Die Kartoffeln ca. 20 Minuten darin kochen. Nach 10 Minuten Kohlrabi und Möhren und nach weiteren 5 Minuten den Spinat zufügen.
Zwiebel schälen und fein würfeln. Mett, Zwiebel und Eigelb verkneten. Mit Salz und Pfeffer abschmecken. Aus dem Fleischteig mit angefeuchteten Händen kleine Klöße formen. Fett in einer Pfanne erhitzen und die Klößchen darin rundherum goldbraun braten. Zur Suppe geben und ca. 5 Minuten ziehen lassen. Suppe mit Sojasoße, Salz, Pfeffer und Muskat pikant abschmecken.

ZUBEREITUNGSZEIT

ca. 1 Stunde

Karottensuppe mit „Schuß"

Zutaten:
2 Schalotten
1 EL Butter
2 TL Zucker
1 Dose (850 ml) Karotten in Würfeln
3/4 l Fleischbrühe (Instant)
Salz
Pfeffer aus der Mühle
2 Eigelb
1/4 l Sahne
2 EL Korn
1 Bund Petersilie

Die Schalotten fein würfeln. Butter zerlassen und die Schalottenwürfel darin glasig dünsten. Den Zucker einstreuen und gut unterrühren. Karotten mit Flüssigkeit zugeben. Die Fleischbrühe angießen und mit Salz sowie frisch gemahlenem Pfeffer würzen. Alles aufkochen lassen. In der Zwischenzeit die Petersilie hacken. Das Eigelb mit der Sahne verquirlen. Die Karottensuppe vom Herd nehmen und mit der Eigelb-Sahnemischung binden. Den Korn unterrühren und die Suppe mit der fein gehackten Petersilie bestreuen.

UNSER TIP

Wußten Sie, daß klare Spirituosen nicht nur aromatisierend wirken, sondern darüber hinaus den Eigengeschmack der einzelnen Gemüsesorten hervorheben? Braune Spirituosen wie Cognac, Whisky oder Rum hingegen würzen mit ihrem eigenen Aroma.

ZUBEREITUNGSZEIT

ca. 25 Minuten

Kalbfleischtopf mit dreierlei Gemüse

Zutaten:
1 kg mageres Kalbfleisch
2 Zwiebeln
30 g Palmin soft
1 l klare Brühe (Instant)
400 g Möhren
1 kg Fenchel
2 Stangen Porree (Lauch)
1/8 l Weißwein
Salz
weißer Pfeffer
200 g Vollkorn-Bandnudeln
1 Bund Petersilie

Kalbfleisch in mundgerechte Würfel schneiden. Zwiebeln schälen und würfeln. Palmin erhitzen und das Fleisch darin anbraten. Zwiebeln zufügen und mit anrösten. Brühe angießen und zugedeckt ca. 1 Stunde garen.
Gemüse putzen und waschen. Möhren in Scheiben schneiden, Fenchel in Spalten und Porree in Ringe. Gemüse und Wein nach 1 Stunde zum Fleisch geben. Mit Salz und Pfeffer würzen und 30 Minuten garen.
Vollkornnudeln extra in reichlich Salzwasser ca. 15 Minuten sprudelnd kochen. Petersilie abspülen, trockenschütteln und sehr fein hacken.
Nudeln abgießen, in den Eintopf geben und mit Petersilie bestreut servieren.

UNSER TIP

Fenchel ist reich an Vitamin C. Sie sollten ihn deshalb auch einmal roh auf den Speiseplan setzen, z.B. als Salat mit Orangen und Walnüssen in einer feinen Zitronen-Öl-Marinade.

ZUBEREITUNGSZEIT

ca. 1 Stunde 45 Minuten

Lauchsuppe mit Brotwürfelchen

Zutaten:
250 Lauch (Porree)
1 Bund Lauchzwiebeln
1 kleine Pfefferschote
2 Knoblauchzehen
3 EL Palmin soft
Salz
1/4 l trockener Weißwein
3/4 l klare Fleischbrühe
weißer Pfeffer
1 Prise geriebene Muskatnuß
1 Prise Zucker
1 Töpfchen frischer Majoran oder 1 TL getrockneter

Außerdem:
3 kleine Scheiben Vollkornbrot
3 EL Olivenöl
4 EL geriebener Parmesan

Den Porree und die Lauchzwiebeln putzen, waschen und in dünne Ringe schneiden. Pfefferschote aufschlitzen, die Kerne entfernen und die Schote hacken. Knoblauch schälen und ebenfalls hacken. Palmin in einem Topf erhitzen. Lauch und Lauchzwiebeln darin glasig braten. Pfefferschote und Knoblauch zugeben und rösten. Mit Weißwein und Brühe ablöschen. Aufkochen und mit Salz, Pfeffer, Muskat und Zucker abschmecken. Majoran abspülen, trockenschütteln und die Blättchen abzupfen. Zufügen. Die Suppe etwa 10 bis 15 Minuten kochen lassen. Brot würfeln und in Olivenöl goldbraun rösten. Die Lauchsuppe mit Brotwürfeln und Parmesan bestreut servieren.

ZUBEREITUNGSZEIT
ca. 25 Minuten

Leberknödelsuppe

Zutaten:
1/8 l Milch
6-8 Brötchen vom Vortag
1 mittelgroße Zwiebel
250 g Rinderleber
1 Ei
1 EL gehackte Petersilie
Salz
weißer Pfeffer
1 Messerspitze getrockneter Majoran
1 l kräftige Fleischbrühe
1 Bund Petersilie

UNSER TIP

Für eine kräftige klare Bouillon bratenSie 500 g Ochsenbein, 1 gewürfelte Zwiebel und 1 Bund grob geschnittenes Suppengrün in Fett an. Nun mit gut 1 1/2 l Wasser ablöschen. Einige Pfefferkörner zugeben. Im offenen Topf 1 1/2 bis 2 Stunden leise köcheln lassen. Ab und zu abschäumen. Die Brühe durchsieben und mit Salz und Pfeffer abschmecken.

Milch erhitzen. Brötchen in dicke Scheiben schneiden. Mit der Milch übergießen und ca. 30 Minuten quellen lassen. Zwiebel schälen und vierteln. Mit der Leber durch einen Fleischwolf (mittlere Scheibe) drehen. Lebermasse mit den eingeweichten Brötchen, Ei und Petersilie mischen. Mit Salz, Pfeffer und Majoran kräftig abschmecken.

Mit angefeuchteten Händen Klöße formen. In kochendes Salzwasser geben und ca. 20 Minuten darin garziehen lassen. Das Wasser darf nicht kochen! Leberknödel mit einer Schaumkelle aus dem Wasser nehmen und in der heißen Fleischbrühe kurz durchziehen lassen.

ZUBEREITUNGSZEIT

ca. 40 Minuten (ohne Wartezeit)

Petersilie abspülen, trockenschütteln und hacken. Über die Suppe streuen.

Reis-Spargel-Suppe mit Fleischklößchen

Zutaten:
1 kleine Zwiebel
100 g gemischtes Hackfleisch
2 TL Semmelbrösel
1 Ei
weißer Pfeffer
1 Prise geriebene Muskatnuß
Edelsüß- Paprika
Salz
1 Kochbeutel Reis-Fit, Spitzen-Langkorn
1 l klare Fleischbrühe
1 Dose (280 g) Spargelabschnitte
2 Eigelb
1/2 Becher (125 g) Schlagsahne
1 TL Speisestärke
3 EL trockener Weißwein
1 Prise Zucker
1 Bund Petersilie

Reis im Kochbeutel in 1 Liter Salzwasser nach Packungsanweisung zubereiten.
Für die Klößchen Zwiebel schälen und fein würfeln. Hackfleisch, Semmelbrösel, Zwiebel und Ei verkneten. Mit Salz, Pfeffer, Muskat und Paprika würzen.
Aus der Masse mit angefeuchteten Händen Klößchen formen.
Fleischbrühe erhitzen und die Klößchen darin garziehen lassen.
Spargelabschnitte mit dem Spargelwasser zufügen und erhitzen. Eigelb, Sahne und Speisestärke verrühren und die Suppe damit binden. Reis zufügen und mit Weißwein, Zucker, Salz und Pfeffer abschmecken. Die Petersilie abspülen, trockenschütteln und hacken. Über die Suppe streuen.

ZUBEREITUNGSZEIT

ca. 30 Minuten (ohne Wartezeit)

Rosenkohl-Champignon-Suppe

Zutaten:
40 g fetter Speck
3/4 l klare Fleischbrühe
500 g Kasseler Kotelett im Stück
1 kg Rosenkohl
300 g frische Champignons
300 g kleine Zwiebeln
20 g Butter
Salz
weißer Pfeffer
1 Prise geriebene Muskatnuß
1 Bund Petersilie

Speck würfeln. In einem Topf auslassen. Mit Brühe ablöschen. Kasseler kurz abspülen und hineingeben. Aufkochen und zugedeckt ca. 30 Minuten kochen lassen.
Rosenkohl putzen, waschen und abtropfen lassen. Champignons putzen, waschen und halbieren. Zwiebeln schälen. Rosenkohl und Zwiebeln zur Brühe geben und zugedeckt ca. 20 Minuten garen. Butter erhitzen und die Champignons darin anbraten.
Das Fleisch aus der Brühe nehmen. Vom Knochen lösen und in Streifen scheiden. Zusammen mit den Champignons in die Suppe geben. Mit Salz, Pfeffer und Muskatnuß abschmecken. Die Petersilie abspülen, trockenschütteln und fein hacken. Zur Suppe geben.

ZUBEREITUNGSZEIT

ca. 1 Stunde

Rote-Bete-Suppe

Zutaten:
2 Zwiebeln
2 Bund Suppengrün
750 g rote Bete
2 EL Butter oder Margarine
1 1/2 l klare Fleischbrühe
1 Lorbeerblatt
Salz
weißer Pfeffer
100 g durchwachsener Speck
2 Becher Sahne-Dickmilch (à 175 g)
2 EL Speisestärke
1 Schuß Essig
1 Prise Zucker

Zwiebeln schälen und würfeln. Suppengrün putzen, waschen und kleinschneiden. Rote Bete schälen und in Stifte schneiden.
Fett erhitzen. Zwiebeln darin goldgelb rösten. Suppengrün und rote Bete zugeben. Kurz mit andünsten. Mit der Fleischbrühe ablöschen. Lorbeerblatt zufügen und die Bouillon mit Salz und Pfeffer würzen.
Zugedeckt ca. 45 Minuten kochen lassen.
Speck in kleine, dünne Scheiben schneiden. In einer Pfanne ohne Fett auslassen. In die Suppe geben. Einen Becher Sahne-Dickmilch mit der Speisestärke verrühren. In die Suppe rühren und kurz aufkochen. Mit Essig und Zucker pikant abschmecken. Die restliche Dickmilch extra zur Suppe reichen.

ZUBEREITUNGSZEIT
ca. 1 Stunde 15 Minuten

Frühlingssuppe mit Käseklößchen

Zutaten:
1 Junghuhn (1,2 kg)
1 1/2 l Hühnerbrühe (Instant)
Salz
6 Pfefferkörner (zerdrückt)
500 g Möhren
2 Kohlrabi
300 g Blumenkohl
150 g tiefgekühlte Erbsen

Für die Klößchen:
1/8 l Milch
20 g Butter
Salz
80 g Mehl
1 Ei
50 g geriebener alter Gouda
1 Bund glatte Petersilie

Huhn kalt abspülen. Brühe in einem großen Topf aufkochen. Huhn hineinlegen. Leicht salzen, Pfefferkörner zugeben und 40 Minuten garen. Möhren und Kohlrabi schälen, abspülen, mit einem Buttermesser in Scheiben bzw. Streifen schneiden. Abgespülten Blumenkohl in Röschen teilen. Erbsen auftauen lassen. Für die Käseklößchen Milch und Butter und etwas Salz in einem Topf aufkochen. Mehl einrühren. Unter Rühren kochen, bis sich am Topfboden ein weißer Belag bildet. Vom Herd nehmen. Das Ei und den Gouda unterrühren. Abkühlen lassen und Klößchen formen.
Huhn aus der Brühe heben. Gemüse hineingeben und 10 Minuten garen.
Huhn häuten, Fleisch von den Knochen lösen, in mundgerechte Stücke schneiden und wieder in die Suppe geben.
Klößchen hineingleiten und ziehen lassen, bis sie an der Oberfläche schwimmen. Suppe mit Salz und Pfeffer abschmecken. Die grob gehackte Petersilie zugeben und servieren.

ZUBEREITUNGSZEIT

ca. 1 Stunde

Frühlingssuppe mit Morcheln

Zutaten:
15 g getrocknete Spitzmorcheln
125 g Langkornreis
Salz
250 g Zuckerschoten
250 g grüner Spargel
gut 3/4 l kräftige Hühnerbrühe
1 Prise Muskatnuß
weißer Pfeffer
einige Kerbelblättchen
4 Eigelb

Morcheln unter kaltem Wasser kurz abspülen. In 1/8 Liter warmem Wasser ca. 20 Minuten einweichen. Reis in 1/4 Liter kochendem Salzwasser ca. 15 Minuten ausquellen lassen. Zuckerschoten putzen, entfädeln und vierteln. Spargel waschen, die unteren Spargelenden abschneiden, Spargel in Stücke schneiden. Hühnerbrühe erhitzen und mit Muskat und Pfeffer würzen. Morchelwasser durch ein Haarsieb oder eine Filtertüte zur Suppe geben. Zuckerschoten und Spargel darin ca. 15 Minuten kochen. Morcheln, Reis und Kerbelblättchen zugeben. Kurz in der Suppe erwärmen. Suppe in vier Teller einfüllen und vorsichtig jeweils ein Eigelb hineingleiten lassen.

UNSER TIP

Die Morchel gehört zu den Edelpilzen. Sie wird heute fast nur noch getrocknet oder konserviert in Gläsern angeboten. Sie können sie auch durch einige getrocknete Steinpilze ersetzen.

ZUBEREITUNGSZEIT

ca. 50 Minuten

Hähnchensuppe auf japanische Art

Zutaten:
400 g Hähnchenbrustfilet
1 1/2 l Hühnerbrühe (Instant)
200 g weißer Rettich
1 Möhre
200 g Kartoffeln
100 g Porree (Lauch)
400 g Okraschoten oder grüne Bohnen
3 EL Öl
ca. 10 EL Sojasauce
Zucker oder Honig
160 g Krabbenfleisch oder 8 große Shrimps

Hähnchenfleisch in 1/4 Liter Brühe ca. 10 Minuten garen. Rettich, Möhre und Kartoffeln schälen und waschen. Jeweils längs halbieren und in feine Streifen schneiden. Porree putzen und waschen. Nur die weißen Teile verwenden. Diese in feine Ringe schneiden. Okraschoten putzen und waschen. Hähnchenfleisch in mundgerechte Stücke schneiden. Öl erhitzen. Fleisch darin anbraten. Das vorbereitete Gemüse (bis auf den Porree) zugeben. Unter Wenden kurz anrösten. Restliche Brühe angießen. Mit Sojasauce und Zucker abschmecken. Alles ca. 15 Minuten kochen, zwischendurch abschäumen. 5 Minuten vor Ende der Garzeit den Porree zugeben. Mit den Krabben in Suppentassen servieren. Die Sojasauce extra dazu reichen.
Übrigens: Den Rettich können Sie auch mit einem speziellen Rettich-Schäler spiralförmig aufschneiden.

UNSER TIP

Die grünen, fünfeckigen Okreaschoten sind sehr fleischig. Ihre Heimat ist Afrika. Frisch können Sie Okraschoten von September bis Mai kaufen. Sie sollten dann auf jeden Fall den Stielansatz abschneiden. Es gibt sie aber auch als Dosenware.

ZUBEREITUNGSZEIT

ca. 45 Minuten

Hühner-Reis-Suppe mit Kümmel

Zutaten:
40 g Butter oder Margarine
500 g Hühnerklein
2 Zwiebeln
2 Knoblauchzehen
1 Lorbeerblatt
1/2 TL Pfefferkörner
Salz
1 Päckchen tiefgefrorenes Suppengrün
100 g Langkornreis
1 EL Mehl
1 Becher (250 g) Schlagsahne
1 EL Kümmel
weißer Pfeffer
1 Bund Schnittlauch

20 g Fett in einem großen Topf erhitzen. Hühnerklein darin anbraten. Zwiebeln und Knoblauch schälen und würfeln. Die Hälfte der Zwiebeln und den Knoblauch mitbraten. Lorbeer, Pfefferkörner, Salz und Suppengrün zufügen. 3/4 l Wasser angießen und im geschlossenen Topf ca. 45 Minuten kochen. Dann die Brühe durchsieben. Reis in die Brühe streuen und ca. 20 Minuten darin kochen. Restliches Fett erhitzen. Die restlichen Zwiebeln und den Knoblauch darin anbraten. Mehl zufügen und goldgelb anschwitzen. Mit Sahne ablöschen, Brühe mit Reis zugeben und zum Kochen bringen. Kümmel einstreuen und zusätzlich mit Salz und Pfeffer würzen. Schnittlauch abspülen, trockentupfen und in feine Röllchen schneiden. Auf die Suppe streuen.

ZUBEREITUNGSZEIT
ca. 1 Stunde 30 Minuten

Hühnersuppe Berliner Art

Zutaten:
1 Suppenhuhn
Salz
1 TL weiße Pfefferkörner
1 kleine Sellerieknolle
2 Möhren
Hühnersuppenpaste
200 g Langkornreis
1 Packung (300 g) tiefgefrorene Erbsen
1 kleine Dose (425 ml) Brechspargel
weißer Pfeffer
1 Bund Petersilie

Suppenhuhn waschen und in einen Topf mit Salzwasser geben. Pfefferkörner zufügen und aufkochen. Abschäumen. Zugedeckt ca. 1 1/2 Stunden kochen. Brühe zwischendurch mehrmals abschäumen, damit sie klar wird. Sellerie und Möhren schälen und waschen. Sellerie in Würfel, Möhren in Scheiben schneiden. Ungefähr 30 Minuten vor Ende der Garzeit zum Suppenhuhn geben. Huhn aus der Brühe nehmen. Brühe mit Suppenpaste abschmecken. Reis in die Brühe geben und 15 bis 20 Minuten kochen. 5 Minuten vor Ende der Garzeit die Erbsen und den Spargel mit der Brühe zufügen. Das Huhn häuten. Das Fleisch von den Knochen lösen und in mundgerechte Stücke schneiden. In die Suppe geben und darin erwärmen. Suppe mit Salz und Pfeffer schmecken. Die Petersilie abspülen, trockenschütteln und hacken. Auf die Suppe streuen.

ZUBEREITUNGSZEIT

ca. 2 Stunden

Käse-Kartoffel-Suppe

Zutaten:
750 g Kartoffeln (mehligkochend)
1 Zwiebel
1 Knoblauchzehe
1 Stange Porree (Lauch)
2 Möhren
30 g Butter
3/4 l Hühnerbrühe (Instant)
1/8 l Sahne
4 Scheiben Butterkäse
Salz
Pfeffer
4 Scheiben Baguette

Kartoffeln, Zwiebel und Knoblauch schälen. Kartoffeln und Zwiebel würfeln, den Knoblauch durch die Knoblauchpresse drücken. Den Porree in feine Ringe, Möhren in Scheiben schneiden. Die Butter zerlassen und das Gemüse darin andünsten. Mit Hühnerbrühe auffüllen und auf mittlerer Hitze im geschlossenen Topf ca. 20 Minuten garen. Suppe durch ein Sieb passieren und die Sahne unterrühren. 2 Scheiben Käse kleinschneiden und in der Suppe schmelzen lassen. Mit Salz und Pfeffer abschmecken. Das Brot rösten, mit dem restlichen Käse belegen und in Streifen schneiden. Käse-Kartoffel-Suppe in vier feuerfeste Suppenschälchen füllen und die Brotstreifen darauf verteilen. Unter den vorgeheizten Grill des Backofens schieben und knusprig überbacken. Nach Belieben mit „Möhrenblumen" und Porreestreifen garnieren.

ZUBEREITUNGSZEIT

ca. 45 Minuten

Mulligatawny-Suppe

Zutaten:
1,5 kg Geflügelklein
1 Zwiebel
50 g Butter
1/2 TL gemahlener Koriander
1 Msp. gemahlener Kreuzkümmel
1 Msp. gemahlener Ingwer
1/2 TL Chilipulver
1 TL gemahlene Kurkuma
200 g Joghurt
Salz
2 EL Zitronensaft
1/4 TL gemahlene Nelken
100 g Reis
4 EL Sherry Medium

Geflügelklein waschen und trockentupfen. Zwiebel fein würfeln und in der Butter anschwitzen. Das Geflügelklein zugeben und hellbraun anrösten. Die Gewürze mit der durchgepreßten Knoblauchzehe zu einer Paste verrühren. Zusammen mit dem Joghurt und etwas Salz zu dem Geflügelklein geben. So lange dünsten, bis sich am Topfboden eine hellbraune Schicht gebildet hat. Zitronensaft und Nelken zugeben. 1 1/4 l Wasser angießen und alles im geschlossenen Topf auf schwacher Hitze 30-40 Minuten köcheln lassen. Inzwischen den Reis nach Packungsanweisung garen. Das Geflügelklein aus der Brühe nehmen und das Fleisch von den Knochen lösen. Geflügelfleisch, Reis und Sherry zur Suppe geben und abschmecken.

UNSER TIP

Kurkuma, auch Gelbwurz genannt, ist ein Ingwergewächs mit scharf-aromatischem Geschmack. Statt der Mischung aus gemahlenen Gewürzen kann man aber auch handelsüblichen Curry benutzen.

ZUBEREITUNGSZEIT

ca. 1 Stunde 15 Minuten

Gemüsesuppe mit Kräuterpaste

Zutaten:
1 Kochbeutel (125 g) Reis-Fit-Spitzen-Langkorn
3 kleine Zucchini
1/2 Stange Staudensellerie
3 Zwiebeln
250 g grüne Bohnen
250 g frische weiße Bohnenkerne
1 1/2 l Gemüsebrühe (Instant)
2 Fleischtomaten

Für die Kräuterpaste:
4 große Knoblauchzehen
3 Bund Basilikum
Salz
weißer Pfeffer
4 EL frisch geriebener Parmesan
1/8 l Olivenöl

UNSER TIP

Die Kräuterpaste hält sich – gut verschlossen – im Kühlschrank einige Tage. Und Sie schmeckt auch prima zu gekochten Spaghetti.

Kochbeutel-Reis nach Packungsanweisung kochen. Zucchini und Staudensellerie putzen, waschen und in Scheiben schneiden. Die Zwiebeln schälen und in Spalten schneiden.
Grüne Bohnen putzen, waschen und in Stücke brechen. Die weißen Bohnenkerne kurz abspülen.
Die Brühe aufkochen. Gemüse hineingeben und zugedeckt ca. 30 Minuten garen. Tomaten überbrühen, unter kaltem Wasser abschrecken, häuten, die Stielansätze herausschneiden und in Stücke schneiden. 5 Minuten vor Ende der Garzeit in die Suppe geben.
Für die Kräuterpaste Knoblauch schälen und grob würfeln. Basilikum abspülen, trockenschütteln und die Blätter abzupfen. Knoblauch, Basilikum, Salz und Pfeffer in einem Mixer zermahlen. Parmesan unterarbeiten. Nach und nach das Öl zufügen.
Kurz vor dem Servieren den Reis in die Suppe geben. Zum Essen kann sich jeder nach Geschmack ein oder zwei Teelöffel Kräuterpaste in die Suppe rühren.

ZUBEREITUNGSZEIT

ca. 40 Minuten

Porree-Kartoffel-Suppe mit Speck

Zutaten:
1,5 kg Porree (Lauch)
500 g Kartoffeln
2 Möhren
2 Zwiebeln
75 g durchwachsener, geräucherter Speck
2 EL Öl
2 bis 3 TL Hefebrühe-Extrakt
1/2 TL getrockneter Thymian
Salz
weißer Pfeffer

Porree putzen, waschen und in schräge 2 bis 3 cm breite Stücke schneiden. Kartoffeln schälen, waschen und würfeln. Möhren schälen, waschen und in Scheiben schneiden. Zwiebeln schälen und würfeln. Auch den Speck würfeln.
Öl in einem Topf erhitzen. Speck und Zwiebeln darin anbraten. Kartoffeln und Möhren zugeben und unter Wenden kurz durchbraten. Den Porree zufügen. 3/4 Liter Wasser angießen. Mit Hefebrühe-Extrakt, Thymian, Salz und Pfeffer kräftig würzen. Die Suppe vor dem Servieren noch 20 bis 30 Minuten kochen lassen.

UNSER TIP

Den Hefebrühe-Extrakt gibt's in Reformhäusern zu kaufen. Er eignet sich hervorragend zum Abschmecken von Suppen, Soßen und Eintöpfen.

ZUBEREITUNGSZEIT

ca. 50 Minuten

Fischsuppe mit Fädele

Zutaten:
1 Zwiebel
2 Knoblauchzehen
1 Bund Suppengemüse
1/4 l Weißwein
1 kg Fischabschnitte
100 g Eiernudeln (Fädele)
100 g Staudensellerie
100 g Porree (Lauch)
1 kleine rote Paprikaschote
100 g Tiefkühl-Erbsen
500 g Fischfilet
Salz
Pfeffer
einige Safranfäden
ca. 1 TL Worcestersoße

Zwiebel und Knoblauch schälen. Zwiebel vierteln. Suppengemüse grob zerkleinern. Alles zusammen in einen Topf geben und mit 1 I Wasser und dem Wein aufgießen. Einmal aufkochen lassen. Fischabschnitte waschen und in den Sud geben. Bei schwacher Hitze ca. 45 Minuten ziehen lassen. Zwischendurch mit einer Schaumkelle abschäumen. Nudeln nach Packungsanweisung kochen und abgießen. Staudensellerie und Porree in feine Scheiben, Paprika in Streifen schneiden. Fischsud durch ein feines Sieb oder ein sauberes Küchentuch abgießen. Vorbereitetes Gemüse zusammen mit den Erbsen in den Fischsud geben und bei mittlerer Hitze ca. 5 Minuten köcheln lassen. Fischfilet unter fließend kaltem Wasser abwaschen und in mundgerechte Stücke schneiden. Zum Gemüse geben und 10 Minuten garziehen lassen. Fischsuppe mit Salz, Pfeffer, Safran und Worcestersoße kräftig abschmecken. Eiernudeln in die Suppe geben und kurz darin erwärmen.

ZUBEREITUNGSZEIT

ca. 1 Stunde

Scharfe Fischsuppe mit Frühlingszwiebeln

Zutaten:
400 g Fischfilet (Dorsch, Kabeljau, Rotbarsch)
2 EL Essig
1 Glas (400 ml) Fischfond
600 ml Hühnerbrühe (Instant)
1 Bund Frühlingszwiebeln
2 kleine rote Peperoni
Salz
weißer Pfeffer
3-4 EL Sojasoße
1-2 EL Speisestärke
3 EL Öl
Dill zum Garnieren

Fischfilet abspülen, trockentupfen und mit Essig säuern. Fisch-Fond und Hühnerbrühe in einem großen Topf zum Kochen bringen.
Frühlingszwiebeln putzen, waschen und in dünne Ringe schneiden.
Peperoni längs aufschneiden, die Kerne entfernen, waschen und die Peperoni in kleine Stücke schneiden. Zusammen mit den Frühlingszwiebeln in die Brühe geben und 5 Minuten köcheln lassen. Mit Salz und Pfeffer würzen.
Fischfilet in Stücke schneiden. Mit Sojasoße beträufeln und in Speisestärke wenden.
Öl erhitzen und die Fischstücke darin unter Wenden kurz anbraten. In die Suppe geben. Dill abspülen, trockenschütteln und hacken.
Die Suppe mit dem Dill bestreut servieren.

UNSER TIP

Preiswerter, aber etwas zeitaufwendiger ist es, wenn Sie sich einen kräftigen Fischfond selbst zubereiten. Dafür 250 g Fischabfälle, Lorbeerblatt und 1 Zwiebel in 1/2 l Wasser 30 Minuten leise köcheln lassen. Durchsieben und würzen.

ZUBEREITUNGSZEIT

ca. 30 Minuten

Fischsuppe „Sylt“

Zutaten:
250 g Heilbuttfilet
250 g Rotbarschfilet
Saft von 1/2 Zitrone
4 Zwiebeln
1/2 Sellerieknolle
6 kleine Tomaten
3 Gewürzgurken
2 Petersilienwurzeln
1 1/4 l Fleischbrühe (Instant)
Salz
1 Lorbeerblatt
1 Glas Weißwein
1 TL geriebener Meerrettich
1/2 Bund Dill

Die Fischfilets unter fließend kaltem Wasser abspülen und mit Küchenpapier trockentupfen. Mit Zitronensaft beträufeln und 5 Minuten ziehen lassen. Zwiebeln in Ringe, Sellerie in dünne Streifen schneiden. Tomaten häuten und halbieren. Gewürzgurken in Scheiben schneiden und die Petersilienwurzeln reiben. Fleischbrühe in einem großen Topf erhitzen. Salz, Zwiebelringe und Lorbeerblatt zugeben und alles aufkochen lassen. Das Fischfilet 10 Minuten auf schwacher Hitze darin ziehen lassen. Herausnehmen und beiseite stellen. Sellerie, Tomaten, Gewürzgurke und Petersilienwurzel in die Brühe geben. Etwa 8 Minuten darin ziehen lassen. Weißwein und geriebenen Meerrettich einrühren. Den Fisch in mundgerechte Stücke zerteilen und kurz in der Suppe erwärmen. Den Dill hacken und auf die Fischsuppe geben.

ZUBEREITUNGSZEIT

ca. 45 Minuten

Gemüse-Fischsuppe

Zutaten:
750 g Kabeljaufilet
2 EL Essig
1 rote Paprikaschote
150 g grüne Bohnen
2 Zucchini
3 Tomaten
1 Knoblauchzehe
1 Zwiebel
3 EL Olivenöl
1 1/2 l Hühnerbrühe (Instant)
Salz
weißer Pfeffer
je 1/2 TL Oregano und Thymian

UNSER TIP

So geben Sie der Suppe eine südländische Note: Fügen Sie eine Prise Safran zu und servieren Sie sie mit Aioli, einer Knoblauch-Mayonnaise.

Fisch abspülen, trockentupfen, in mundgerechte Würfel schneiden und mit Essig säuern.
Paprika halbieren, Kerne entfernen, kalt abbrausen und in dünne Streifen schneiden. Bohnen waschen, putzen und in Stücke brechen. Zucchini waschen und in dünne Scheiben schneiden. Tomaten einritzen, mit kochendem Wasser überbrühen, mit kaltem Wasser abschrecken, häuten, halbieren, die Kerne entfernen und das Fruchtfleisch würfeln. Knoblauch und Zwiebel schälen und würfeln. Öl in einem großen Topf erhitzen. Zwiebel und Knoblauch darin glasig braten. Gemüse zugeben und unter ständigem Rühren anbraten. Brühe angießen und das Gemüse zugedeckt 5-6 Minuten garen. Mit Salz, Pfeffer und den Kräutern würzen. Fischfilet in die Suppe geben und ca. 5 Minuten darin garziehen lassen. Dazu frisches Stangenweißbrot reichen.

ZUBEREITUNGSZEIT

ca. 30 Minuten

Kabeljausuppe

Zutaten:
400 g Kabeljaufilet
1/2 Knoblauchzehe
Salz
1/2 TL Sojasoße
3 EL Öl
450 g Tiefkühl-Suppengemüse
1 l Brühe (Instant)
1/2 Bund Petersilie
30 g Butter
Pfeffer aus der Mühle

Das Fischfilet unter fließend kaltem Wasser abspülen und mit Küchenpapier trockentupfen. Fisch in kleine Würfel schneiden. Knoblauch durch die Knoblauchpresse drücken und in einer Schale mit etwas Salz vermischen. Sojasoße und Öl unterrühren. Die Fischwürfel zugeben, in der Marinade wenden und zugedeckt 1 Stunde in den Kühlschrank stellen. Das gefrorene Suppengemüse in die kochende Brühe geben und ca. 15 Minuten köcheln lassen. In der Zwischenzeit die Petersilie waschen, trockenschütteln und hacken.
Die Butter in einer Pfanne zerlassen und die Fischwürfel darin 2-3 Minuten braten. In die Gemüsesuppe geben. Mit Salz und frisch gemahlenem Pfeffer abschmecken. Die Kabeljausuppe mit Petersilie bestreut servieren. Dazu frisches Knoblauchbrot reichen.

ZUBEREITUNGSZEIT
ca. 35 Minuten (ohne Wartezeit)

Nudelsuppe mit Edelfischen, Fenchel und Safran

Zutaten:
500 g Fischfilet (z.B. vom Lachs, Seeteufel, der Scholle etc.)
100 g Shrimps ohne Schale
4 EL Olivenöl
weißer Pfeffer aus der Mühle
1 Döschen Safranfäden
1 Knoblauchzehe
2 kleine Fenchelknollen
50 g Knollensellerie
50 g Möhren
10 g Butter
1 l Fischfond (aus dem Glas)
Salz
200 g Bandnudeln, 4 mm

Fischfilets abspülen, trockentupfen und in Stücke schneiden. Zusammen mit den Shrimps in einer Marinade aus 2 Eßlöffeln Olivenöl, Pfeffer, Safran und grob gehacktem Knoblauch ziehen lassen. Gemüse putzen, waschen und in dünne Streifen schneiden. 1 Eßlöffel Olivenöl und Butter erhitzen und das Gemüse darin andünsten. Mit Fischfond ablöschen. Die marinierten Fischstücke und die Shrimps darin bei schwacher Hitze ca. 5 Minuten ziehen lassen. Mit Salz abschmecken. Bandnudeln in reichlich Salzwasser bißfest kochen. Abgießen und gut abtropfen lassen. Restliches Olivenöl unterrühren. Die Nudeln in die Suppe geben und nochmals abschmecken.

ZUBEREITUNGSZEIT

ca. 45 Minuten

Pikanter Fischtopf mit Kirschtomaten

Zutaten:
800 g Rotbarschfilet
2 EL Zitronensaft
2 Zwiebeln
40 g Butter oder Margarine
30 g Mehl
1 Glas (400 ml) Fischfond
1 1/2 Becher (300 g) Schlagsahne
1 Töpfchen frischer Thymian
3 bis 4 TL mittelscharfer Senf
1/2 TL Senfkörner
Salz
weißer Pfeffer
2 Tassen Kurzzeit-Reis
200 g Kirschtomaten

Rotbarschfilet waschen und trockentupfen. In Würfel schneiden und mit Zitronensaft beträufeln. Zwiebeln schälen und fein würfeln. Fett in einem Topf erhitzen. Zwiebeln darin goldgelb anbraten. Mehl zufügen und unter Rühren anschwitzen. Mit Fischfond und Sahne unter Rühren ablöschen. Thymian abschneiden, abspülen und trockenschütteln. Die Blättchen von den Stielen zupfen. Senf, Senfkörner und Thymian in die Soße geben. Mit Salz und Pfeffer abschmecken und aufkochen. Fisch salzen, zufügen und 10 Minuten garziehen lassen. Reis in zwei Tassen kochendes Salzwasser schütten und 5 Minuten garen. Kirschtomaten waschen und halbieren. Tomaten und Reis kurz im Fischtopf erhitzen. Nochmals abschmecken.

ZUBEREITUNGSZEIT

ca. 40 Minuten

Brokkoli-Cremesuppe mit Klößchen

Zutaten:
1 Kochbeutel (125 g) Langkornreis
250 g Tatar (Beefsteakhack)
1 TL Senf
1 Ei
1 EL feine Haferflocken
Salz
weißer Pfeffer
3/4 l Brühe (Instant)
500 g Brokkoli
1 Zwiebel
1 EL Butter
125 g Schlagsahne
Muskat

UNSER TIP

Wenn Sie sich's leichter machen wollen, können Sie fertig zubereitete, tiefgekühlte Klößchen in die Suppe geben. Dann ist sie schneller serviert und schmeckt auch gut.

Reis nach Packungsanleitung zubereiten. Tatar, Salz und Ei in einer Schüssel mit den Haferflocken mischen. Mit Salz und Pfeffer würzen. Kleine Klößchen aus der Masse formen. Brühe in einem Topf erhitzen. Klößchen darin 5 Minuten ziehen lassen. Mit einem Schaumlöffel herausnehmen und warm stellen. Brühe aufbewahren. Brokkoli putzen, waschen, ein paar Röschen zurückbehalten. Den übrigen Brokkoli mit dem Mixstab des Handrührgerätes pürieren. Feingewürfelte Zwiebel in heißer Butter glasig braten. Heiße Brühe angießen, pürierten Brokkoli zugeben. 5 Minuten kochen. Sahne leicht schlagen und unterziehen. Suppe mit Salz, Pfeffer und Muskat abschmecken. Die Klößchen und die zurückbehaltenen Brokkoliröschen darin erhitzen. Anrichten und den Reis zugeben.

ZUBEREITUNGSZEIT

ca. 50 Minuten

Erbsencreme mit Austernpilzen

Zutaten:
2 Schalotten
2 EL Butter oder Margarine
500 g frische oder tiefgefrorene Erbsen
1 Becher (150 g) Crème fraîche
1 l Hühnerbrühe (Instant)
250 g Austernpilze
1 EL Butterschmalz
3 Stiele frische Minze
Salz
Selleriesalz
weißer Pfeffer aus der Mühle
Zitronensaft
einige Spritzer Worcestersoße

Schalotten schälen und fein würfeln. Fett erhitzen und die Schalotten darin anbraten. Erbsen und Crème fraîche zugeben. Hühnerbrühe angießen und zugedeckt ca. 25 Minuten kochen. Austernpilze putzen, waschen und in feine Streifen schneiden. Butterschmalz erhitzen und die Pilze darin anbraten. Minze abspülen, trockenschütteln. Die Blättchen abzupfen. Die Suppe mit dem Schneidstab des Handrührgerätes fein pürieren. Einmal aufkochen und mit Salz, einer Prise Selleriesalz, Pfeffer, Zitronensaft und Worcestersoße abschmecken. Austernpilzstreifen hineingeben. Kurz erhitzen. Die Suppe mit Minzblättchen anrichten.

ZUBEREITUNGSZEIT

ca. 45 Minuten

Frische Erbsensuppe mit Kasseler

Zutaten
2 Zwiebeln
1 EL Butter oder Margarine
1 Packung (450 g) tiefgefrorene Erbsen
gut 3/4 l klare Fleischbrühe
1 TL getrockneter oder 1 Töpfchen frischer Majoran
Salz
weißer Pfeffer
150 g Kasseler-Aufschnitt im Stück
1 Becher (175 g) Sahne-Dickmilch

Zwiebeln schälen und würfeln. Fett in einem Topf erhitzen und die Zwiebeln darin goldgelb anbraten. Erbsen zufügen und die Brühe angießen. Getrockneten Majoran zufügen und alles ca. 20 Minuten kochen lassen. Mit dem Schneidstab des Handrührgerätes pürieren. (Frischen Majoran abspülen, trockenschütteln und die Blättchen abzupfen und erst jetzt zur Suppe geben.) Mit Salz und Pfeffer würzen und aufkochen. Kasseler in kleine Würfel schneiden und in der Suppe erhitzen. Die Hälfte der Sahne-Dickmilch einrühren.
Die Suppe auf Teller verteilen, mit der restlichen Sahne-Dickmilch garnieren.

ZUBEREITUNGSZEIT

ca. 40 Minuten

Kartoffelcremesuppe mit Porree

Zutaten:
500 g Kartoffeln (mehlig)
Salz
250 g Porree (Lauch)
30 g Margarine
1/2 l Hühnerbrühe (Instant)
weißer Pfeffer aus der Mühle
1 Prise geriebene Muskatnuß
2 Bund glatte Petersilie
400 g Frischkäse

Außerdem:
4 Scheiben Toastbrot
150 g Doppelrahm-Kräuter-Frischkäse

UNSER TIP

Die Suppe eignet sich sowohl für die kalte als auch für die warme Jahreszeit, denn Sie können sie auch eisgekühlt servieren.

Kartoffeln schälen, waschen und grob würfeln. In Salzwasser ca. 20 Minuten kochen. Porree putzen, waschen und in Ringe schneiden. Margarine erhitzen und den Porree darin andünsten. Mit Brühe auffüllen und zugedeckt ca. 5 Minuten kochen. Die Hälfte der Kartoffeln mit dem Schneidstab des Handrührgerätes pürieren. Stückige und pürierte Kartoffeln in die Brühe geben, einmal umrühren. Mit Salz, Pfeffer und Muskat abschmecken und aufkochen. Petersilie abspülen, trockenschütteln und fein hacken. Petersilie und Frischkäse in die Suppe einrühren. Den Käse schmelzen lassen. Die Suppe darf dann nicht mehr kochen. Die Toastscheiben eventuell oval ausstechen.

Dick mit Doppelrahm-Kräuter-Frischkäse bestreichen und unter dem heißen Grill einige Minuten überbacken. Zur Suppe reichen .

ZUBEREITUNGSZEIT

ca. 40 Minuten

Kräutercremesuppe mit Grießklößchen

Zutaten:
Für die Klöße:
Salz
30 g Butter
50 g Grieß
1 Ei
100 g alter Gouda (gerieben)
Weißer Pfeffer
Muskat
1/2 l Hühnerbrühe (Instant)
Für die Suppe:
40 g Butter
50 g Mehl
1/2 l Schlagsahne
2 Bund gemischte Kräuter
Salz
Weißer Pfeffer,
Zucker
2 EL trockener Sherry
Klößchenbrühe

UNSER TIP

Ob gekochte oder fritierte Klöße, wenn sie richtig „trocken" werden sollen, legen Sie am besten ein Tuch in ein Sieb und lassen die Knödel darauf abtropfen.

Für die Klöße 1/8 Liter Wasser mit Salz und Butter in einem Topf aufkochen. Grieß unterrühren, bis die Masse dick bindet. Etwas abkühlen lassen. Ei und geriebenen Gouda sorgfältig unterrühren. Mit Pfeffer und Muskat abschmecken. Hühnerbrühe in einem Topf aufkochen. Kleine Klöße von der Masse abstechen. In die Brühe geben, Hitze reduzieren, 12-15 Minuten ausquellen lassen. Mit einem Schaumlöffel aus dem Topf heben und warm stellen. Für die Suppe die Butter in einem Topf erhitzen. Mehl mit einem Schneebesen unterrühren, Sahne und Klößchenbrühe zugießen. Weiterrühren, aufkochen und noch 5 Minuten köcheln lassen. Mit Salz, Pfeffer, Zucker und Sherry abschmecken. Die fein gehackten Kräuter unterheben. Mit den Klößen anrichten.

ZUBEREITUNGSZEIT

ca. 45 Minuten

Kürbiscremesuppe

Zutaten:
1 Bund Suppengrün
2 Zwiebeln
1 Poularde
2 Gewürznelken
1 Lorbeerblatt
Salz
800 g Kürbis
1 Stange Porree (Lauch)
20 g Butter
Pfeffer
100 ml Sahne
1 Bund Kerbel

Suppengrün putzen und grob zerkleinern. Eine Zwiebel mit Schale halbieren und in einer trockenen Pfanne anrösten. Poularde waschen. Mit dem Suppengrün, der gerösteten Zwiebel, Nelken, Lorbeerblatt und Salz in einen großen Topf geben. Mit Wasser bedeckt zum Kochen bringen. Auf schwacher Hitze 1 1/2 Stunden köcheln lassen. Dabei ab und zu den Schaum abschöpfen. Brühe durch einen Sieb abseihen. Kürbis teilen, entkernen, schälen und würfeln. Die zweite Zwiebel ebenfalls würfeln. Porree in Ringe schneiden. Das Gemüse 5 Minuten in Butter andünsten und mit 1 l der Geflügelbrühe aufgießen. 15 Minuten köcheln lassen. Inzwischen das Geflügelfleisch vom Knochen lösen und in Streifen schneiden. Das Gemüse in der Brühe pürieren und mit Salz und Pfeffer kräftig abschmecken. Sahne steif schlagen und unter die pürierte Suppe ziehen. Kürbiscreme mit Kerbelblättchen und Geflügelstreifen anrichten.

ZUBEREITUNGSZEIT

ca. 2 Stunden

Karotten-Grünkern-Creme

Zutaten:
1 l Gemüsebrühe (Instant)
1 Lorbeerblatt
80 g Grünkernmehl
1 Glas (370 ml) Karotten
1 Eigelb
1 Becher Kräuter-Crème fraîche
2 EL Zitronensaft
Salz
Pfeffer aus der Mühle
100 ml Sahne
1/2 Bund Petersilie

Gemüsebrühe und Lorbeerblatt aufkochen. Grünkernmehl einrühren und erneut aufkochen lassen. Auf schwacher Hitze 15-20 Minuten köcheln lassen. Die abgetropften Karotten zugeben und in der Suppe erwärmen. Das Eigelb mit Crème fraîche verrühren und die Karotten-Grünkern-Creme damit binden. Mit Zitronensaft, Salz und frisch gemahlenem Pfeffer abschmecken. Sahne steifschlagen. Petersilie fein hacken. Die Karotten-Grünkern-Creme in vier Suppentassen füllen und mit je einem Sahneklecks und etwas gehackter Petersilie garnieren.

UNSER TIP

Kleine Warenkunde: Grünkern ist unreif geernteter Dinkel; Dinkel ist der sogenannte Urweizen; Urweizen ist die Vorstufe des heutigen Weizens

ZUBEREITUNGSZEIT

ca. 30 Minuten

Möhrensuppe mit Grießklößchen

Zutaten:
500 g Möhren
30 g Butter
3/4 l Fleischbrühe (Instant)
Salz
Pfeffer aus der Mühle
1 Prise Zucker
etwas gemahlener Ingwer
Saft 1 Orange

Für die Klößchen:
1 EL Butter
1 TL Salz
1/2 Bund Petersilie
65 g Grieß
1 Ei
1 Avocado

Die Möhren in Würfel schneiden. Butter in einem Topf zerlassen und das Gemüse darin andünsten. 1/8 l der Fleischbrühe angießen und die Möhren auf schwacher Hitze 10-15 Minuten garen. Für die Grießklößchen 1/8 l Wasser mit Butter und Salz aufkochen. Inzwischen die Petersilie hacken. Grieß unter Rühren in das kochende Wasser einstreuen und so lange weiterrühren, bis sich der Grießkloß vom Topfboden löst. Topf vom Herd nehmen. Ei und Petersilie unterrühren. Mit zwei Teelöffeln Klößchen abstechen und in kochendes Wasser geben. Auf schwacher Hitze garziehen lassen. Die Möhren in der Flüssigkeit pürieren. Restliche Fleischbrühe unterrühren. Erhitzen und mit Salz, Pfeffer, Zucker, Ingwer und dem Orangensaft abschmecken. Avocado halbieren, entkernen und mit einem Kugelausstecher kleine Bällchen ausstechen. In die Suppe geben und vorsichtig darin erhitzen. Grießklößchen auf Teller verteilen und die Möhrensuppe darüberschöpfen.

ZUBEREITUNGSZEIT
ca. 45 Minuten

Gelb-rote Paprikasuppe

Zutaten:
500 g rote Paprikaschoten
500 g gelbe Paprikaschoten
2 Zwiebeln
2 Knoblauchzehen
60 g Butter
1/2 l klare Fleischbrühe
Salz
weißer Pfeffer
1/2 Bund Schnittlauch

Paprikaschoten vierteln, putzen, waschen und in kleine Würfel schneiden. Jeweils 1 Eßlöffel rote und gelbe Paprikawürfel zum Garnieren beiseite legen. Zwiebeln schälen und würfeln. Knoblauch schälen und durch eine Presse drücken. Butter in zwei Töpfen erhitzen. Zwiebeln darin anbraten. Knoblauch zufügen und andünsten. Dann gelbe und rote Paprikawürfel getrennt andünsten. Jeweils 1/4 l Fleischbrühe angießen. Zugedeckt ca. 10 Minuten garen. Mit Salz und Pfeffer würzen und getrennt pürieren. Jeden Teller vorsichtig mit roter und gelber Suppe füllen. Mit Paprikawürfelchen und Schnittlauch garniert servieren.

UNSER TIP

So dekorativ angerichtet eignet sich die Suppe hervorragend als Vorspeise. Reichen Sie dazu frisches Stangenweißbrot.

ZUBEREITUNGSZEIT

ca. 30 Minuten

Côtes

Radieschensuppe mit Crème fraîche

Zutaten:
2 Bund Radieschen
1 kleine Zwiebel
30 g Butter
20 g Mehl
1/2 l Hühnerbrühe (Instant)
1 Becher (150 g) Crème fraîche
etwas Zitronensaft
1 Prise Zucker
Salz
weißer Pfeffer
1 Eigelb

Radieschen putzen, waschen und vier Stück beiseite legen. Restliche Radieschen zuerst in Scheiben, dann in Streifen schneiden. Blätter von 1/2 Bund verlesen, gut waschen, abtropfen lassen und in feine Streifen schneiden. Zwiebel schälen und fein würfeln. Butter erhitzen. Die Zwiebel darin goldgelb braten. Mehl zufügen und anschwitzen. Mit der Hühnerbrühe ablöschen. Aufkochen. Crème fraîche einrühren. Radieschenstreifen darin einmal aufkochen. Mit Zitronensaft, Zucker, Salz und Pfeffer abschmecken. Radieschengrün einstreuen. Nicht mehr kochen lassen. Eigelb verquirlen. Die Suppe damit legieren. Die beiseite gelegten Radieschen in Scheiben schneiden und auf der Suppe anrichten.

ZUBEREITUNGSZEIT
ca. 30 Minuten

Spinatsuppe mit Croûtons

Zutaten:
300 g Tiefkühl-Spinat (fein gehackt)
1 große Zwiebel
20 g Margarine
1/2 l Fleischbrühe (Instant)
200 g Schmelzkäse
Sahne
Muskat
Salz
Pfeffer aus der Mühle
1 Scheibe Toastbrot
1/2 EL Butter

Spinat auftauen lassen. Die Zwiebel hacken. Margarine zerlassen und die Zwiebeln darin andünsten. Den Spinat zugeben und kurz mitdünsten. Gemüse mit der Fleischbrühe auffüllen. Den Schmelzkäse zugeben und die Suppe unter Rühren kurz durchkochen lassen. Spinatsuppe mit Muskat, Salz und frisch gemahlenem Pfeffer abschmecken. Warm stellen. Das Toastbrot entrinden und in kleine Würfel schneiden. Die Butter in einer kleinen Pfanne zerlassen und die Brotwürfel darin goldbraun rösten. Die Spinatsuppe in Suppentassen füllen und mit den Croûtons bestreut servieren.

UNSER TIP

Wenn Sie Knoblauch lieben, sollten Sie die Brotwürfel in Butter rösten, der Sie zerdrückten Knoblauch zufügen.

ZUBEREITUNGSZEIT

ca. 30 Minuten (ohne Wartezeit)

Wirsingsuppe mit Austernpilzen

Zutaten:
250 g Wirsing
Salz
400 ml Sahne
2 Kartoffeln (mehlig-kochend)
150 g Austernpilze
40 g Butter
Kräutersalz
Pfeffer aus der Mühle
50 g gehackte Walnüsse

Den Wirsing in 1/2 cm breite Streifen schneiden und 5 Minuten in Salzwasser blanchieren. Kohl abgießen und dabei die Flüssigkeit auffangen. 250 ml davon abmessen und mit der Sahne erhitzen. In der Zwischenzeit die Kartoffeln schälen und in dünne Scheiben schneiden. Mit 2/3 der Wirsingstreifen in die Sahne geben und bei schwacher Hitze 15 Minuten köcheln lassen. Ab und zu umrühren. Inzwischen die Austernpilze in Streifen schneiden. Butter erhitzen und die Pilze kurz darin anbraten. Mit Kräutersalz und frisch gemahlenem Pfeffer würzen. Wirsing und Kartoffelscheiben in der Flüssigkeit pürieren. Eventuell noch mit etwas Blanchierwasser verdünnen. Die restlichen Wirsingstreifen und die Austernpilze in die Suppe geben. Die gehackten Walnüsse zur Wirsingsuppe reichen.

ZUBEREITUNGSZEIT

ca. 40 Minuten

Charlie Browns Zucchinisuppe

Zutaten:
300 g Zucchini
800 ml Gemüsebrühe (Instant)
80 g Erdnüsse in der Schale
6 EL Erdnußcreme
2 EL Zitronensaft
Salz
Pfeffer aus der Mühle

Die Zucchini waschen und ein wenig Zucchinischale für die Garnitur zurücklegen. Restliche Zucchini ungeschält grob würfeln. Die Brühe erhitzen und die Zucchiniwürfel bei mittlerer Hitze ca. 7 Minuten darin garen.
In der Zwischenzeit die Erdnüsse schälen. Die Kerne von den braunen Häutchen befreien und grob hacken.
Die zurückgelegte Zucchinischale in feine Stückchen schneiden.
Erdnußcreme zur Suppe geben und alles mit dem Pürierstab des Handrührgerätes pürieren. Mit Zitronensaft, Salz und frisch gemahlenem Pfeffer abschmecken.
Suppe auf Teller geben und mit den Zucchinistückchen sowie gehackten Erdnüssen anrichten.

UNSER TIP

Die gehackten Erdnüsse bekommen ein besonders „nussiges" Aroma, wenn sie in einer trockenen Pfanne angeröstet werden.

ZUBEREITUNGSZEIT

ca. 25 Minuten

Zwiebel-Apfel-Suppe mit Pecannüssen

Zutaten:
je 150 g rote und weiße Zwiebeln
50 g Schalotten
1 Stengel Porree (Lauch)
3 Frühlingszwiebeln
50 g Butter
1 kleiner Apfel
1 gestr. EL Mehl
100 ml trockener Weißwein
1 l Gemüsebrühe (Instant)
1 kleines Lorbeerblatt
1 Zweig Thymian
4 Stengel Petersilie
1 Bund Schnittlauch
50 g Pecannüsse
Salz
weißer Pfeffer aus der Mühle

Zwiebeln, Schalotten, Porree und Frühlingszwiebeln in dünne Ringe schneiden. Die Butter in einem großen Topf erhitzen und das Zwiebelgemüse auf schwacher Hitze ca. 20 Minuten dünsten. Dabei regelmäßig umrühren, damit es nicht braun wird. In der Zwischenzeit den Apfel schälen, entkernen und in feine Würfel schneiden. Zu den Zwiebeln geben und kurz mitdünsten. Das Mehl über das Gemüse stäuben und mitschwitzen. Es soll keine Farbe annehmen. Den Wein angießen und etwas einkochen lassen. Gemüsebrühe, Lorbeerblatt, Thymian und Petersilie zugeben. Mit geschlossenem Deckel auf schwacher Hitze ca. 20 Minuten köcheln lassen. Inzwischen den Schnittlauch in Röllchen schneiden und die Pecannüsse in einer trockenen Pfanne kurz rösten. Die Suppe mit Salz und frisch gemahlenem Pfeffer abschmecken. Vor dem Servieren mit Schnittlauchröllchen und Pecannüssen bestreuen.

ZUBEREITUNGSZEIT

ca. 50 Minuten

Nordfriesische Birnensuppe

Zutaten:
400 g durchwachsener geräucherter Speck
500 g Birnen
100 g kalifornische Rosinen
2 EL Mehl
3 EL Zucker
1/2 l Buttermilch

Den Speck mit 1/2 l Wasser zum Kochen bringen und zugedeckt ca. 2 Stunden garen. Birnen schälen, vierteln und das Kerngehäuse entfernen. Birnenviertel in dünne Spalten schneiden. Speck aus der Brühe nehmen. Birnen und Rosinen etwa 5 Minuten in der Brühe garen. Inzwischen den Speck in feine Scheiben schneiden und wieder in die Brühe geben. Mehl und Zucker mischen und mit der Buttermilch in einem Topf glattrühren. Aufkochen lassen. Dabei ständig rühren.

Anschließend zur Brühe geben und 10 Minuten ziehen, aber nicht mehr kochen lassen.

UNSER TIP

Besitzen Sie einen Schnellkochtopf? Mit ihm können Sie die Garzeit des Specks um etwa 2/3 verkürzen.

ZUBEREITUNGSZEIT

ca. 2 Stunden 20 Minuten

Deftiger Eintopf mit Wintergemüse

Zutaten:
2 gepökelte Eisbeine von je ca. 800 g mit Knochen
schwarzer Pfeffer aus der Mühle
1 EL Gänse- oder Schweineschmalz
400 g Möhren
250 g Knollensellerie
400 g Kartoffeln
2 Stangen Porree (Lauch)
400 g Wirsingkohl
2 Zwiebeln
1 TL getrockneter Majoran
geriebene Muskatnuß
Salz
1/2 l klare Brühe
1-2 EL Malteser Aquavit

Die Schwarten der Eisbeine rautenförmig einschneiden. Rundum mit Pfeffer einreiben. Schmalz in einem großen Schmortopf erhitzen. Das Fleisch darin rundherum 20 Minuten anbraten. Gemüse putzen, bzw. schälen und waschen. Möhren in Scheiben, Knollensellerie und Kartoffeln in Würfel, Porree und Wirsing in dünne Streifen schneiden. Zwiebeln schälen und würfeln. Fleisch aus dem Topf nehmen. Zwiebeln im Bratfett anrösten. Gemüse zufügen und unter Wenden kurz andünsten. Mit Majoran Muskat, Salz und Pfeffer würzen. Brühe und Malteser angießen. Eisbeine – Schwarte nach oben – darauflegen. Gericht noch ca. 45 Minuten schmoren.

UNSER TIP

Das gepökelte Fleisch sollten Sie 3-4 Tage im voraus bei Ihrem Fleischer bestellen. Lassen Sie es in Pökellake einlegen und nicht spritzen. Das Fleisch wird dann würziger.

ZUBEREITUNGSZEIT

ca. 1 Stunde

AQUAVIT

Gelbe Erbsensuppe mit Schinkeneisbein

Zutaten:
1 geräuchertes Schinkeneisbein (750 g) oder 1 Schinkenstück mit Knochen
375 g geschälte, gelbe Erbsen
1 TL getrockneter Thymian
1 Bund Suppengrün
500 g Kartoffeln
2 geräucherte Mettwurst-Enden (Kochwürste)
Salz
weißer Pfeffer

Schinkeneisbein abspülen, in kochendes Wasser geben. Einmal aufkochen. Das Wasser abgießen, damit die Suppe nicht zu salzig wird. Schinkeneisbein, Erbsen und Thymian in 1 1/2 Liter kochendes Wasser geben und 1 1/2 Stunden kochen. Suppengrün putzen und waschen. Kartoffeln schälen und waschen. Kartoffeln, Möhren und Sellerie in Stücke, Porree in Ringe, die Wurst in Scheiben schneiden. Alles zur Suppe geben und weitere 15 bis 20 Minuten kochen. Fleisch aus der Suppe nehmen, vom Knochen lösen und in mundgerechte Stücke schneiden. In die Suppe geben und mit Salz und Pfeffer abschmecken.

UNSER TIP

Wenn Sie nur ungeschälte Erbsen verwenden wollen, müssen Sie diese über Nacht mit kaltem Wasser bedeckt einweichen. Die Garzeit beträgt etwa 1 3/4 bis 2 Stunden.

ZUBEREITUNGSZEIT

ca. 2 Stunden 15 Minuten

Holländischer Gulasch-Eintopf

Zutaten:
3 EL Schweineschmalz
1 kg gemischtes Gulasch
500 g Zwiebeln
2 TL Rosenpaprika
4 EL Tomatenmark
1 1/2 l Fleischbrühe (Instant)
1/4 l Rotwein
1 große Dose geschälte Tomaten
Salz
weißer Pfeffer
Paprika, edelsüß
200 g alter Gouda
1 kleiner Bund Petersilie

Schweineschmalz in einem großen Schmortopf erhitzen. Gulasch darin portionsweise unter Wenden ca. 5 Minuten anbraten. Aus dem Topf nehmen und beiseite stellen. Die Zwiebeln schälen, halbieren und in Streifen schneiden. Im verbliebenen Fett goldgelb werden lassen. Rosenpaprika, Fleisch und Tomatenmark zugeben. Mischen und erhitzen. Fleischbrühe und Rotwein angießen. Tomaten mit ihrem Saft in den Topf geben. Mit Salz, Pfeffer und Paprika würzen. Im geschlossenen Topf bei geringer Hitze 90 Minuten garen. Den Käse in die Suppe geben, umrühren und darin schmelzen lassen. Noch mal abschmecken. Petersilie abbrausen, trockenschütteln und hacken. Die Suppe anrichten und mit der Petersilie bestreuen. Dazu: Stangenweißbrot.

UNSER TIP

Bitten Sie mal zur Suppenparty, bei der die Gulaschsuppe eine Hauptrolle spielt. Sie kann aber auch bei größeren Festen als Mitternachtssuppe gereicht werden. Scharf abgeschmeckt ist sie die ideale Schwipsbremse.

ZUBEREITUNGSZEIT

ca. 2 Stunden

Ungarische Gulaschsuppe

Zutaten:
Fürs Letscho:
100 g Tomaten
1 rote Paprikaschote
1 große Zwiebel
50 g fetter Speck, geräuchert
1 EL Schweineschmalz
Salz
Paprika, edelsüß

Außerdem:
800 g Kartoffeln
250 g Rinderschmorfleisch
4 EL Schweineschmalz
2 große Zwiebeln
1 Knoblauchzehe
Kümmel
Salz
Rosenpaprika
Paprika, edelsüß

UNSER TIP

Wie wär's denn mal mit einem ungarischen Abend? Man braucht nur Gulaschsuppe, Brot und ungarischen Wein. Dazu vielleicht noch einen Barack Palinka, den Aprikosenbrand aus Ungarn.

Fürs Letscho die Tomaten häuten und kleinschneiden. Die Paprikaschote vierteln, entkernen, abspülen und in Spalten schneiden. Die geschälte Zwiebel hacken, den Speck fein würfeln.
Schmalz in einem Topf erhitzen. Speck darin anbraten. Gehackte Zwiebel zugeben. Beides bräunen. Salzen und mit Paprika würzen. Tomaten- und Paprikastücke zugeben. Im geschlossenen Topf 30 Minuten dünsten.
Die Kartoffeln schälen und waschen. Das Rindfleisch kalt abspülen und klein würfeln. Schweineschmalz in einem Topf erhitzen. Fleisch darin 10 Minuten anbraten. Die Zwiebeln schälen und würfeln und zum Fleisch geben. Die geschälte Knoblauchzehe durch die Presse hineindrücken. Alles leicht bräunen. Kümmel und Letscho zugeben. Etwas Wasser angießen.
Im geschlossenen Topf ca. 40 Minuten schmoren. Die Kartoffeln würfeln und dazugeben. So viel Wasser angießen, daß die Zutaten bedeckt sind. Mit Salz, wenig Rosenpaprika und viel edelsüßem Paprika würzen. Noch 20 Minuten garen lassen. Dazu Weizenbrot und Ungarischer Spätburgunder.

ZUBEREITUNGSZEIT

ca. 2 Stunden

seine Weine
UNGARN
Qualitätswein
(minöségi bor)

Hack-Sauerkrauttopf mit roter Bete

Zutaten:
2 Knollen (ca. 600 g) rote Bete
3/4 l klare Brühe (Instant)
2 mittelgroße Zwiebeln
20 g Butter oder Margarine
500 g gemischtes Hackfleisch
Salz
weißer Pfeffer
1 Dose (580 g) mildes Weinsauerkraut
1 TL Kümmel
2 Bund Dill
1 Becher (150 g) stichfeste saure Sahne

Rote Bete waschen, schälen und in Würfel schneiden. In 1/4 Liter Brühe zugedeckt ca. 20 Minuten kochen.
Zwiebeln schälen und fein würfeln. Fett in einem Topf erhitzen und das Hackfleisch unter Wenden darin anbraten. Zum Schluß die Zwiebeln mitbraten. Mit Salz und Pfeffer würzen.
Sauerkraut und Kümmel unter das Hack mischen. Die restliche Brühe angießen. Zugedeckt 20 Minuten garen.
Dill abspülen, trockenschütteln und fein schneiden. Rote Bete mit der Kochflüssigkeit und 2/3 des Dills zum Eintopf geben und kurz erhitzen. Eintopf mit einem Klecks saurer Sahne und mit Dill bestreut servieren.

ZUBEREITUNGSZEIT
ca. 50 Minuten

Kohl-Nudeltopf mit Majoran-Mettklößchen

Zutaten:
1 Wirsingkohl (ca. 800 g)
1 große Zwiebel
1 gestrichener EL getrockneter Majoran
375 g Schweinemett
30 g Butter oder Margarine
1 3/4 l klare Fleischbrühe
Salz
weißer Pfeffer
1 Prise geriebene Muskatnuß
200 g Bandnudeln
1 Scheibe roher Schinken (ca. 100 g)

UNSER TIP

Wenn Sie der Suppe ein feines Pilzaroma geben möchten, sollten Sie 20 g getrocknete Steinpilze oder Champignons mitkochen. Die Pilze müssen Sie vorher einmal abspülen, da sie manchmal noch sandig sein können.

Wirsing putzen, halbieren und den Strunk herausschneiden. Kohl waschen, klein schneiden und abtropfen lassen. Zwiebel schälen und würfeln. Die Hälfte des Majorans unter das Mett kneten. Mit angefeuchteten Händen Klößchen daraus formen. Fett in einem Topf erhitzen. Klößchen darin rundherum anbraten und herausnehmen. Zwiebel ins Bratfett geben und goldgelb braten. Wirsing zufügen und kurz andünsten. Brühe angießen und aufkochen. Mit dem restlichen Majoran, Salz, Pfeffer und Muskat abschmecken. Im geschlossenen Topf 20-30 Minuten garen.

Nudeln in reichlich kochendem Salzwasser ca. 10 Minuten garen.

Mettklößchen in den Eintopf geben und 6 bis 8 Minuten darin ziehen lassen.

Schinken würfeln.

Nudeln abgießen. Die Nudeln und den Schinken in die Suppe geben. Noch einmal abschmecken.

ZUBEREITUNGSZEIT

ca. 1 Stunde

Kohlrabi-Eintopf mit Ochsenbein

Zutaten:
1 1/4 l Fleischbrühe
1 Scheibe Ochsenbein (500 g)
800 g Kohlrabi
500 g Kartoffeln
2 Möhren
2 Zwiebeln
1 TL getrocknete Gartenkräuter
Salz
weißer Pfeffer
3 EL Crème fraîche
1 kleines Bund Petersilie

1 1/4 l Fleischbrühe aufkochen. Ochsenbein kalt abspülen und in den Topf geben. Deckel auflegen und bei schwacher Hitze 1 3/4 Stunden garen. Kohlrabi, Kartoffeln und Möhren schälen, kalt abspülen. Kohlrabi in Scheiben, Kartoffeln in Würfel, Möhren in Stifte und geschälte Zwiebeln in Ringe schneiden. In den Topf geben und weitere 15 Minuten garen. Die Gartenkräuter zugeben. Das Fleisch aus dem Topf nehmen, vom Knochen lösen und gleichmäßig stark würfeln. Wieder in den Topf geben. Eintopf nach Geschmack salzen und pfeffern. In 4 Portionen anrichten. Die Crème fraîche darauf verteilen. Die kalt abgespülte, trockengeschüttelte Petersilie hacken und über den Eintopf streuen.

ZUBEREITUNGSZEIT

ca. 2 Stunden 15 Minuten

Lamm-Rosenkohl-Topf mit Kürbis

Zutaten:
750 g Lammfleisch aus der Keule
4 EL Öl
250 g Zwiebeln
1 Knoblauchzehe
Salz
weißer Pfeffer
1 l klare Brühe (Instant)
750 g frischer Kürbis
250 g Rosenkohl
400 g Kartoffeln
2 EL Weißweinessig
1 Bund Petersilie

Lammfleisch würfeln. Öl in einem großen Topf erhitzen. Das Fleisch darin portionsweise anbraten. Zwiebeln und Knoblauch schälen. Zwiebeln in Spalten, Knoblauch in feine Würfel schneiden. Zwiebeln und Knoblauch zuletzt mit anbraten. Alles Fleisch zurück in den Topf geben. Mit Salz und Pfeffer würzen. Brühe angießen. Zugedeckt ca. 1 Stunde garen. Kürbis schälen, entkernen und mundgerecht würfeln. Rosenkohl putzen und waschen. Kartoffeln schälen, waschen und längs vierteln. Nach 40 Minuten Garzeit das Gemüse zufügen und fertiggaren. Mit Salz, Pfeffer und Essig abschmecken. Petersilie abspülen, trockenschütteln und hacken. Vor dem Servieren auf den Eintopf streuen.

UNSER TIP

Sie können den Eintopf auch mit eingelegtem Kürbis zubereiten, den es fertig zu kaufen gibt. Den Inhalt eines kleinen Glases Kürbis abtropfen lassen und kurz vor Ende der Garzeit im Eintopf erwärmen.

ZUBEREITUNGSZEIT

ca. 1 Stunde 30 Minuten

Lammtopf mit Kartoffeln und Fenchel

Zutaten:
600 g mageres Lammfleisch
2 Zwiebeln
2-3 Knoblauchzehen
2 EL Schweineschmalz
600 g Kartoffeln (mehlig)
3 mittelgroße Stangen Porree (Lauch)
2 Fenchelknollen
1 Bund Petersilie
1 Bund Dill
3/4 l klare Fleischbrühe
1/2 Becher (100 g) Crème fraîche
Salz
weißer Pfeffer aus der Mühle
3 Scheiben Toastbrot
30 g Butter

Fleisch in mundgerechte Stücke schneiden.
Zwiebeln und Knoblauch schälen und fein würfeln. Schmalz erhitzen. Das Fleisch darin scharf anbraten. Zwiebeln und Knoblauch zufügen und mit anbraten. 1/8 Liter Wasser angießen und zugedeckt 30 Minuten schmoren lassen.
Kartoffeln schälen, waschen und würfeln.
Porree putzen, waschen und in dünne Ringe schneiden. Fenchel putzen, waschen und in dünne Spalten schneiden.
Kräuter abspülen, trockenschütteln und hacken.
Das Gemüse und die Kräuter zum Fleisch geben. Brühe angießen und zugedeckt weitere 30 Minuten garen. Crème fraîche einrühren und mit Salz und Pfeffer würzen.
Toastbrot würfeln. In der heißen Butter goldbraun rösten. Mit dem Eintopf zusammen servieren.

ZUBEREITUNGSZEIT
ca. 1 Stunde 15 Minuten

MALTESERKREUZ
MALTESERKREUZ
AQUAVIT

Ochsenschwanzragout mit Rotwein

Zutaten:
1,5 kg Ochsenschwanz (vom Fleischer in ca. 5 cm lange Stücke schneiden lassen)
Salz
weißer Pfeffer
40 g Butterschmalz
1 Bund Suppengrün
1 Gemüsezwiebel (300 g)
1/2 l trockener Rotwein
2 TL gekörnte Brühe
1/2 Töpfchen Thymian oder 1 TL getrockneter
1 EL Tomatenmark
2 EL Crème fraîche

Fleisch abspülen und trockentupfen. Mit Salz und Pfeffer kräftig einreiben. Butterschmalz erhitzen und das Fleisch darin rundherum anbraten.
Suppengrün putzen, waschen und kleinschneiden. Zwiebel schälen und in Würfel schneiden.
Zwiebel und Suppengemüse zum Fleisch geben und anbraten. Mit Rotwein ablöschen und die Brühe zugeben. Alles zum Kochen bringen.
Thymian abspülen, trockenschütteln und fein hacken. Zusammen mit dem Tomatenmark in die Soße rühren. Mit Salz und Pfeffer würzen und zugedeckt ca. 2 Stunden bei schwacher Hitze schmoren lassen.
Eventuell nochmals abschmecken und mit Crème fraîche verfeinern.
Dazu schmecken Spätzle oder Salzkartoffeln.

UNSER TIP

Verwenden Sie zum Kochen einen Wein von guter Qualität, denn er bestimmt wesentlich den Geschmack des Gerichtes.

ZUBEREITUNGSZEIT

ca. 2 Stunden 15 Minuten

Schwarzwurzel-Eintopf

Zutaten:
2 Bund Schwarzwurzeln (ca. 1 kg)
Essig
500 g Möhren
2 Zwiebeln
3 EL Öl
3/4 l Fleischbrühe (Instant)
1 Becher (250 g) Schlagsahne
1/2 Packung (150 g) tiefgefrorene Fleischklößchen
Salz
weißer Pfeffer
1 Bund Petersilie

Schwarzwurzeln unter fließendem Wasser abbürsten. Mit einem Sparschäler schälen und in 4 bis 5 cm lange Stücke schneiden. Sofort in mit Essig gesäuertes Wasser legen, damit sie nicht verfärben. Möhren schälen, waschen und in gleichgroße Stücke schneiden. Zwiebeln schälen und würfeln.
Öl in einem großen Topf erhitzen. Zwiebeln darin goldgelb rösten. Schwarzwurzeln und Möhren zufügen und kurz andünsten. Brühe und Sahne angießen. Zugedeckt ca. 30 Minuten kochen lassen. Fleischklößchen zufügen und ca. 10 Minuten in der kochenden Suppe auftauen lassen. Mit Salz und Pfeffer würzen. Petersilie abspülen, trockenschütteln und kurz vor dem Servieren großzügig über den Eintopf streuen.

ZUBEREITUNGSZEIT
ca. 1 Stunde 15 Minuten

Wirsing-Nudel-Eintopf mit Schinken

Zutaten:
1 Zwiebel
250 g Wirsing
200 g Möhren
2 EL Maiskeimöl
1 Knoblauchzehe
3 gestrichene EL klare Suppe (Instant)
80 g Vollkornnudeln
1 dicke Scheibe gekochter Schinken (150 g)
4 Stiele Petersilie
geriebene Muskatnuß
weißer Pfeffer
Salz
2 EL trocken geröstete Pinienkerne

Zwiebel schälen und würfeln. Wirsing und Möhren putzen, kalt abspülen und in Streifen schneiden.
Maiskeimöl in einem Topf erhitzen. Zwiebel, Wirsing, Möhren und die geschälte, zerdrückte Knoblauchzehe darin andünsten. Einen Liter Wasser angießen, aufkochen und in die klare Suppe einstreuen.
Vollkornnudeln zugeben. Umrühren und 15 Minuten bei schwacher Hitze garen, bis das Gemüse und die Nudeln gar, aber noch bißfest sind.
Inzwischen den Schinken gleichmäßig stark würfeln. Kurz vor Ende der Garzeit zugeben und erhitzen.
Petersilie kalt abspülen, trockenschütteln und hacken. Eintopf mit Muskat, Pfeffer und Salz würzen. Anrichten. Mit der Petersilie und den Pinienkernen bestreut servieren.
Dazu: Landbrot und Butter.

ZUBEREITUNGSZEIT

ca. 40 Minuten